우리 집
미세 플라스틱 주의보

우리 집 미세 플라스틱 주의보

글 태미라 | 그림 김소희

위즈덤하우스

차례

1 화학물질 없이는 못 살아! 08
- '화학물질'이란?
- '케모포비아'란?
- 집 안에 숨어 있는 화학물질을 찾아라!

2 우리 집 프라이팬은 안녕하십니까? 18
- 코팅 프라이팬 올바른 사용법
- 환경호르몬과 주방 용품
- 멜라민수지 주방 용품 안전하게 사용하기

3 지금은 플라스틱 시대 28
- 플라스틱의 조상님은 당구공
- 새끼에게 플라스틱 먹이는 앨버트로스
- 플라스틱 속 대표 유해 물질

4 미세 플라스틱 똥이라고? 36
- 미세 먼지보다 무서운 미세 플라스틱
- 지구를 비행하는 '죽음의 알갱이'
- 매주 신용카드 한 장씩을 먹고 있다고?
- 생활용품 속 미세 플라스틱을 찾아라!

5 다팔자 씨의 스트레스 해소법 44
- 나도 모르게 유해 물질에 중독된다
- 급성중독, 집에서 가장 많이 일어난다고?
- 급성중독 사고 대처법
- 생활 속 화학제품 안전하게 쓰는 방법

6 선크림 한 방울은 산호의 눈물 52
- 화장품 속 유해 물질
- 선크림 한 방울은 산호의 눈물
- 좋은 향기도 괴로워! 향기 도로와 화학물질 과민증

7 약과 독은 종이 한 장 차이 62
- 약도 사용 기한이 있다
- 남은 약 똑똑하게 버리자!

8 내 옷에서 미세섬유가 우수수? 72
- 빠르고, 빠르고, 빠른 '패스트 패션'
- 가늘고 질긴 기적의 실, 나일론
- 미세섬유가 바다를 오염시킨다고?
- 미세섬유, 우리나라도 심각해
- 진정한 멋쟁이는 건강한 옷을 산다!

9 헌 차, 우리 이만 헤어져! 84
- 새 차 속 유해 물질이 무려 270가지
- 새 차 증후군 걱정은 뚝!
- 아빠도 빌딩 증후군
- 바디 버든 줄이기
- 미래에는 파란 화학

작가의 말 | 지구를 건강하게 하는 파란 화학으로 가자! 94

이 책에 나오는 사람들

엠씨 얼쑤
노래방 반주뿐만 아니라 말도 하고, 화학물질의 심각성까지 알려 주는 똑똑한 마이크.

다허세
랩에 살고 랩에 죽는 힙합 소년. 언젠가 래퍼로 성공해서 까칠한 누나의 기를 눌러 주리라 다짐하며 오늘도 한자 랩 연습 중.

변사또
《우리 집 쓰레기통 좀 말려 줘》의 주인공이자 힙합 생각뿐인 허세의 단짝.

한석봉
《우리 집에 전기 흡혈귀가 산다》의 주인공이자 허세와 함께 학예회에 나가기로 한 짝꿍.

이보나
《토끼는 화장품을 미워해》의 주인공이자 허세와 같은 아파트에 사는 친구.

랩에 살고 랩에 죽는 힙합 소년 다허세, 오늘도 중얼중얼 한자 랩 실력을 갈고닦느라 여념이 없다.
"효도하면 혼정신성! 밤낮으로 효도하세. 우리 모두 효도하세."
"허세야, 오늘도 한자 랩 연습 중이니?"
아파트 엘리베이터 앞에서 보나와 마주쳤다.
"응! 언젠가는 꼭 〈쇼미더래퍼〉에 나가고 말 거야."
"한자 랩은 네가 독보적이니까 좋은 결과 있을 거야. 힘내!"
"헤헤, 고마워. 역시 넌 좋은 친구야."
마침 도착한 엘리베이터에 둘은 올랐고, 문이 스르르 닫히던 찰나였다. 그때 엘리베이터 문틈을 비집고 들어오는 손이 있었으니······.
칼 주름 잡힌 양복 차림에 어울리지 않는 핸드백과 쇼핑백이 주렁주렁. 거기에 곱게 바른 립스틱과 요란한 네일 아트, 아찔한 하이힐까지.
도대체 이 아저씨의 정체는 뭘까?

'화학물질'이란?

'화학물질'이란 서로 다른 물질이 만나서 화학 반응을 일으켜 완전히 다른 특성과 모습으로 만들어진 새로운 물질을 말해. 화학물질은 자연에서 얻은 화학물질과 인공적으로 만든 화학물질로 나눌 수 있는데, 엄마가 늘 걱정하는 건 인공 화학물질이지. 우리 생활 속에 이런 화학물질들은 십만 종도 넘어. 지금도 자고 일어나면 새로운 화학물질이 계속 쏟아져 나오고 있지. 이제 우리의 삶은 화학물질과 떼려야 뗄 수 없는 관계가 된 거야.

우아! 십만 종이 넘는다고요?

인공 화학물질로 만든 살충제와 화학 비료 덕분에 농작물 생산이 급격하게 늘었지. 각종 전자 제품 개발로 편리한 삶을 누리게 되었고, 의약품들로 수많은 질병을 치료할 수 있었어. 그야말로 화학물질의 발전 덕분에 우리 삶이 눈부시게 발전하게 된 거지.

하지만 화학물질 중에는 환경을 오염시키거나 각종 질병을 일으키고, 생명을 위협하는 등 피해를 주는 나쁜 화학물질도 많아. 또 아무리 해롭지 않다고 밝혀진 화학물질이라도 서로 만났을 때 부작용을 일으켜 나쁜 화학물질로 변하기도 해. 이렇게 나쁜 화학물질들을 '유해 화학물질' 또는 '유해 물질'이라고 하지.

음, 그 말을 듣고 나니까 우리 집에 있는 물건들이 유해 물질로 만든 것은 아닐까 불안해지는데…….

맞아. 화학물질들이 대부분 인공적으로 합성해서 만든 거라 알레르기, 암 등 각종 질병을 일으킬 수 있는 유해 물질을 지니고 있어.

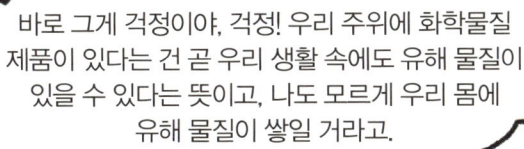

한창 사춘기인 다반함은 온 세상이 다 반할 만큼 멋진 인간이 되라고 이름도 '다반함'이라고 지었건만, 요즘 같아서는 '다반항'으로 바꿔야 할 판이었다. 무시무시한 사춘기가 찾아오면서 예측 불허 까칠 소녀가 되어 버렸다.

잠든 허세의 품에 있던 마이크가 저절로 전원이 켜지더니 자장가가 흘러나왔다. 그 자장가 소리 때문이었을까? 허세는 순식간에 꿈나라로 빠져들었다.

집 안에 숨어 있는

방
- **프탈레이트**: 플라스틱 유연제. **놀이 매트, 장난감, 학용품** 등에 사용.
- **파라벤**: 방부제, 보존제 기능. **화장품, 세정 용품, 의약품** 등에 사용.

거실
- **폴리브롬화 다이페닐에테르**: 불에 쉽게 타지 않는 물질. **쿠션, 매트리스** 등에 사용.
- **퍼메트린**: 살충 효과. **모기향, 살충제** 등에 사용.
- **톨루엔**: 가죽이나 섬유 염색에 사용. **소파 커버, 바닥 깔개** 등에 사용.

화학물질을 찾아라!

욕실
- **트리클로산**: 항균 효과. **비누, 각종 세제, 세정 용품** 등에 사용.
- **알킬페놀류**: 세정 효과 있는 계면 활성제 성분. **샴푸, 린스, 염색약, 세탁 세제** 등에 사용.

주방
- **비스페놀 에이**: 플라스틱 원료, 코팅 기능. **플라스틱 용기, 일회용품, 카드 영수증** 등에 사용.
- **과불화화합물**: 방염과 방수기능. **코팅 프라이팬** 등에 사용.

2 우리 집 프라이팬은 안녕하십니까?

한창 꿀잠에 빠져 있는 토요일 아침이었다. 그런데 영문을 알 수 없는 연기가 허세네 집 안 전체를 뒤덮고 있었으니…….

잠에 빠져 있는 팔자, 반함, 허세의 방문 틈새로 연기가 스멀스멀 들어오고 있는 게 아닌가. 그때 마이크에 불이 켜지며 화재 경보음이 울리기 시작했다.

애앵! 애애앵!

"윽, 연기? 불, 불이야!"

아닌 밤중에 홍두깨라도 본 듯 화들짝 놀란 허세와 다팔자 씨, 사춘기 반함이까지 총알처럼 튀어나와 불을 끄겠다고 법석을 떨었다.

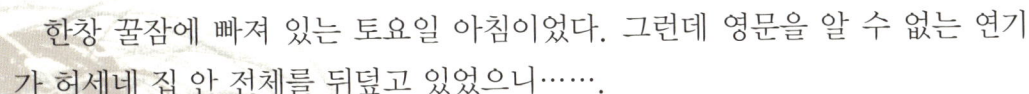

요리를 마친 임걱정 여사, 완성된 음식들을 식탁 위에 늘어놓기 시작했다. 식탁 다리가 휘청할 정도로 푸짐한 음식들은 하나같이 침 넘어가게 먹음직스러워 보였다.

기대에 부푼 가족들, 음식을 냉큼 한입 크게 넣는데…… 모두 뒷말을 잇지 못하고, 심지어 다시 뱉어 내려는 반함의 입을 다팔자 씨가 급히 막았다.

환경호르몬과 주방 용품

"주방에서는 플라스틱 그릇 하나도 깐깐하게 골라서 사용해야 해. 안전한 플라스틱 용기를 고르고 싶다면 제품 옆이나 뒷면에 있는 표시를 꼭 확인해!"

*식품 용기로 사용되는 비교적 안전한 플라스틱 표시 마크

"멜라민수지 그릇도 플라스틱인가?"

"그래서 아무리 안전하다고 해도 플라스틱보다 유리나 사기그릇이 좋아."

"'멜라민수지'란 멜라민과 포름알데히드라는 물질을 결합해서 만든 단단한 플라스틱의 한 종류지요. 표면은 매끈하고 단단한 도자기 같지만 잘 깨지지 않고 가격도 저렴해서 식판, 접시, 컵, 조리 기구 등 다양한 주방 용품으로 쓰이고 있다오. 하지만 잘못 사용하면 유해 물질이 나오니 사용할 때는 주의하시게."

"헉! 그래도 이 많은 도시락을 유리그릇에 담아 배달할 순 없잖아."

"그래서 엄마가 유해 물질 걱정, 환경오염 걱정, 한 방에 해결해 줄 좋은 도시락을 생각해 냈지. 바로 '연잎 보자기 도시락'"

"환경에도 좋고, 몸에도 좋고! 딱 좋은데?"

내가 좀 멋지쥐! 호호호~

"음식 맛도 좀……."

멜라민수지 주방 용품 안전하게 사용하기

1 멜라민수지로 만든 주방 용품을 구입할 때는 '식품용'이라는 표시를 확인해요.

2 멜라민수지 주방용품의 내열 온도는 대부분 110~120℃지만, 제품마다 내열 온도가 다를 수 있으니 사용 전 꼭 확인해요.

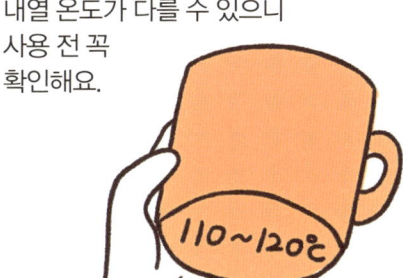

3 오븐, 전자레인지의 고주파에 가열되어 파손될 수 있으니 사용하지 마세요.

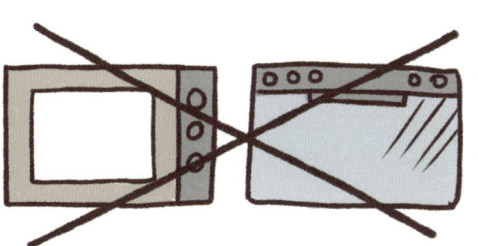

4 자외선소독기에 사용할 때는 자외선에 오래 노출되면 변색, 균열이 생길 수 있으니 3시간 이내로 짧게 사용해요.

5 세척할 때는 부드러운 스펀지를 사용하는 게 좋아요.

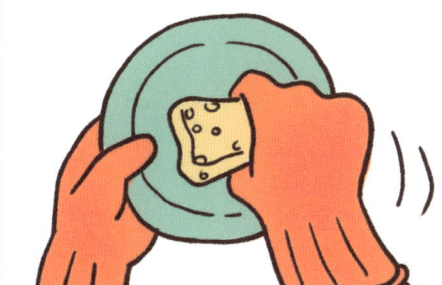

6 제품이 변색, 균열, 파손되었을 때는 새 제품으로 바로 교체해요.

3 지금은 플라스틱 시대

머릿속에 온통 힙합 생각뿐인 허세와 그의 단짝 사또. 오늘도 휘황찬란한 액세서리를 잔뜩 휘감고 거울 앞에서 온갖 폼을 다 잡아 보는데, 그 폼만 봐서는 가히 세계 제일의 힙합 가수도 울고 갈 판이다.

"역시 힙합의 완성은 패션!"

"패션의 완성은 액세서리지!"

사또의 말에 냉큼 맞장구치는 허세다. 커다란 상자 안에는 번쩍번쩍 목걸이, 팔찌, 시계, 귀걸이, 선글라스가 가득하다.

"허세야, 이거 진짜 금은보석이야?"

"하하하. 당연히 아니지. 금은보석처럼 만든 플라스틱 액세서리야."

"우아, 번쩍번쩍 진짜 금 목걸이, 금시계 같아!"

"용돈 모아서 하나씩 산 거야. 내가 직접 금색 페인트로 칠한 것도 있다고."

사또가 존경의 눈빛을 보내자 허세는 어깨가 으쓱해졌다.

플라스틱 속 대표 유해 물질

- **프탈레이트**
  플라스틱을 부드럽게 하기 위해서 사용하는 화학물질로, 화장품·장난감·세제·가정용 바닥재와 벽지 등에 이르기까지 널리 쓰이고 있어요. 하지만 과다 노출되면 생식기능, 호르몬 분비, 면역력 등에 나쁜 영향을 주고, 암 등을 일으킬 수 있는 유해 물질이에요.

- **비스페놀 에이**
  플라스틱 제조나 캔의 코팅제 원료로 많이 쓰이는 화학물질로, 우리 몸속에 들어가 정상적인 호르몬 작용을 방해하는 환경호르몬 중 하나예요. 우리 몸에 흡수되면 성조숙증, 불임 등을 일으킬 수 있는 위험한 유해 물질이지요.

4 미세 플라스틱 똥이라고?

"안 돼!"

반함이의 쩌렁쩌렁한 비명 소리가 집 전체를 뒤흔들며 울려 퍼졌다. 하루도 바람 잘 날 없는 사춘기 날씨가 오늘은 또 무슨 일로 천둥 번개를 동반한 초대형 태풍으로 몰아치는지 도통 예측 불가다.

"헉! 핵폭탄급 태풍이 몰려온다."

가족들 모두 반함이의 비명에 떨고 있던 순간, 손거울을 든 반함이가 방문을 박차고 나왔다.

"말도 안 돼. 여드름이 하나 더 늘다니! 아침에는 분명 딱 한 개였는데?"

남들에게는 '고작' 여드름 두 개일 뿐이겠지만, 반함이에게는 지구가 뒤집힐 사건이었던 것이다. 반함이는 용이 불을 뿜듯 불만을 뿜어내고 있었다. 이런 반함이의 태풍을 잠재우는 방법은 오직 '그렇구나' 대응뿐!

미세 먼지보다 무서운 미세 플라스틱

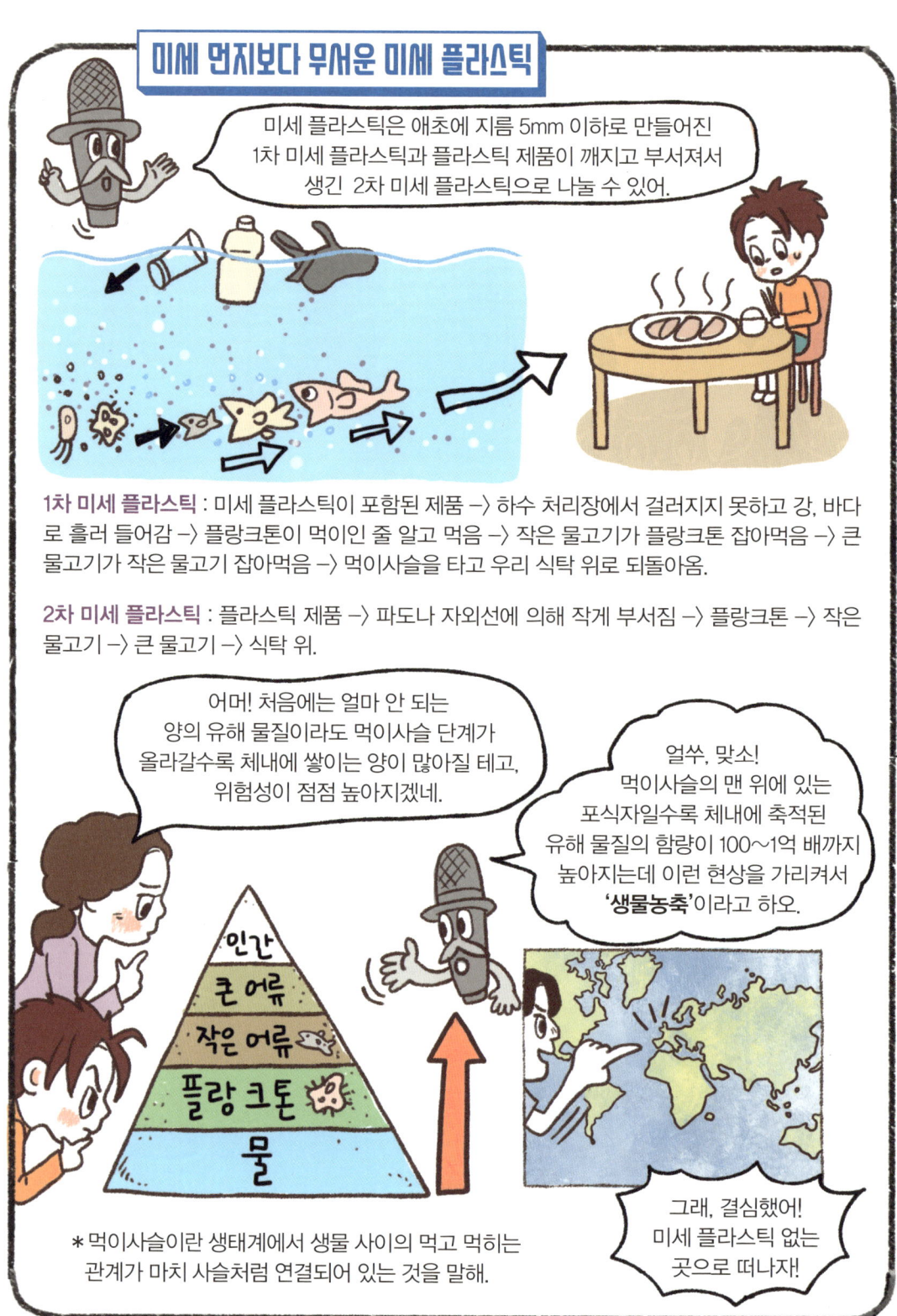

미세 플라스틱은 애초에 지름 5mm 이하로 만들어진 1차 미세 플라스틱과 플라스틱 제품이 깨지고 부서져서 생긴 2차 미세 플라스틱으로 나눌 수 있어.

1차 미세 플라스틱 : 미세 플라스틱이 포함된 제품 → 하수 처리장에서 걸러지지 못하고 강, 바다로 흘러 들어감 → 플랑크톤이 먹이인 줄 알고 먹음 → 작은 물고기가 플랑크톤 잡아먹음 → 큰 물고기가 작은 물고기 잡아먹음 → 먹이사슬을 타고 우리 식탁 위로 되돌아옴.

2차 미세 플라스틱 : 플라스틱 제품 → 파도나 자외선에 의해 작게 부서짐 → 플랑크톤 → 작은 물고기 → 큰 물고기 → 식탁 위.

어머! 처음에는 얼마 안 되는 양의 유해 물질이라도 먹이사슬 단계가 올라갈수록 체내에 쌓이는 양이 많아질 테고, 위험성이 점점 높아지겠네.

얼쑤, 맞소! 먹이사슬의 맨 위에 있는 포식자일수록 체내에 축적된 유해 물질의 함량이 100~1억 배까지 높아지는데 이런 현상을 가리켜서 **'생물농축'**이라고 하오.

그래, 결심했어! 미세 플라스틱 없는 곳으로 떠나자!

* 먹이사슬이란 생태계에서 생물 사이의 먹고 먹히는 관계가 마치 사슬처럼 연결되어 있는 것을 말해.

지구를 비행하는 '죽음의 알갱이'

아빠! 여기가 어디예요?

이곳으로 말할 것 같으면 프랑스와 스페인에 걸쳐 있는 피레네산맥으로, 해발 1,400m 위란다.

어머, 이곳이 말로만 듣던 세계적인 청정 지역?

맞아. 오염이 심한 도시들과도 수백 킬로미터나 떨어진 외딴 곳이니 그야말로 미세 플라스틱 걱정일랑은 눈곱만큼도 할 필요가 없다고!

야호, 이제는 미세 플라스틱 걱정 끝!

봉주르! 이곳은 미세 플라스틱으로 오염된 지역이니 빨리 내려가세요.

네? 이곳이 미세 플라스틱 오염 지역이라고요?

네. 우리가 연구한 결과, 이곳에서 대도시만큼 심각한 수준의 미세 플라스틱이 발견되었어요.

한마디로 미세 플라스틱은 지구를 비행하는 '죽음의 알갱이'구나!

사람도 안 사는 이곳에서 어떻게 미세 플라스틱이 발견되었을까?

미세 플라스틱은 바람을 타고 지구촌 구석구석을 날아다니면서 숲, 토양, 바다, 강 가리지 않고 오염시키고 있어요.

그래요. 미세 플라스틱은 지구 구석구석을 떠돌며 오염 물질과 만나 생태계를 교란시키지요.

또 우리 몸에 들어와 쌓여서 호르몬 이상이나 생식기 질병을 일으키는 등 인류를 위협할 수 있는 유해 물질이에요.

매주 신용카드 한 장씩을 먹고 있다고?

매일 나도 모르게 얼마나 많은 미세 플라스틱을 먹고 마시고 있을까?

아이고 머리야! 미세 플라스틱 때문에 걱정거리가 또 하나 늘었네.

전 세계가 플라스틱 폐기물로 고민하는 가운데 세계자연기금(WWF)에서 한 사람이 일주일 동안 먹는 미세 플라스틱이 약 2,000개라는 연구 결과를 발표했어. 미세 플라스틱 2,000개를 무게로 계산해 보니 신용카드 한 장 무게인 5g, 한 달이면 칫솔 한 개 무게인 21g이라는 놀라운 결과가 나왔어.

뭐? 우리가 매주 신용카드 한 장 분량의 미세 플라스틱을 먹고 있다고?

설마가 현실이 되는 순간이구먼. 한 실험에서 사람들이 일주일 동안 섭취한 음식 목록과 양을 기록하고 이 기간 중 대변 샘플을 채집·검사한 결과 모든 사람들의 똥에서 미세 플라스틱이 나왔다지 뭐요.

그렇게 매일매일 내 몸으로 미세 플라스틱이 들어오면…….

에이, 설마?

미세 플라스틱 똥까지 싸는 거 아냐?

걱정이다, 걱정! 미세 플라스틱 똥을 쌌다는 건 몸속에 미세 플라스틱이 남아 있을 수도 있다는 뜻이잖아.

5 다팔자 씨의 스트레스 해소법

퇴근해 집으로 들어서는 다팔자 씨, 분위기가 왠지 무겁다.
'헉! 오늘이 바로 그날이구나!'
가족들은 한눈에 알아챘다. 바로 그날이라는 것을.
'오늘따라 양복은 왜 저렇게 구겨진 거야. 마음 짠하게.'
구겨진 양복 주름에서 오늘따라 짠 내 진동하는 아빠의 고뇌가 느껴지는 것 같아 반함이는 괜스레 코끝이 찡해졌다.
'그래, 찢어지는 그 마음은 내가 제일 잘 알지.'
동병상련이라고 꼴등을 해 본 자만이 꼴등의 마음을 아는 법. 그래서 허세는 그 누구보다 아빠의 괴로운 마음을 잘 알았다.
그렇다. 오늘이 바로 다팔자 씨가 다니는 홈쇼핑 회사에서 분기에 한 번씩 방송 판매 실적표가 나오는 날이었다. 방송 판매 실적표란 방송한 제품을 얼마나 많이 팔았는지 집계한 표로, 쉽게 말하자면 쇼핑호스트에게는 성적표와 같은 것이었다.

나도 모르게 유해 물질에 중독된다

유해 물질에 노출되어 중독되는 종류에는 '만성중독'과 '급성중독'이 있어. '만성중독'은 적은 양의 유해 물질들이 오랜 시간 동안 서서히 몸에 쌓여서 피해 반응이 한참 뒤에야 천천히 나타나는 중독을 말해. 지금처럼 부주의한 실수로 의약품이나 화학물질을 마시거나 노출되어 즉각적인 피해 반응을 일으키는 중독은 '급성중독'이라고 하지.

우리가 급성중독이라고요?

그렇지. 락스에 있는 '차아염소산나트륨(NaClO)'이라는 화학물질이 식초의 산 성분을 만나면 무시무시한 '염소 가스'를 발생시킨다네.

헉! 염, 염소 가스라면 제1차 세계대전 때 수많은 사람들을 죽이는 데 사용됐던 독가스 아냐?

도, 독가스요? 저 죽는 건 아니지요?

'염소 가스'는 적은 양이라도 스치거나 들이마시면 피부나 호흡기관을 손상시키고, 심한 경우에는 실명이나 목숨까지 잃게 돼. 특히 염소 가스는 공기보다 무거워서 아래로 가라앉는 성질 때문에 키 작은 어린이들에게 더욱 위험하다고.

급성중독, 집에서 가장 많이 일어난다고?

여기서 잠깐! 어린이 급성중독 사고의 약 80% 이상이 가정에서 일어난다는 사실을 알고 있니? 호기심 많은 어린이들이 간혹 부주의한 실수나 잘못된 방법으로 집 안에 있는 화학제품을 먹거나 접촉해서 급성중독 사고가 나지.

게다가 어린이가 어른보다 유해 물질에 더 위험해.

- 가정용 세제류: 호흡곤란, 입과 식도 염증, 구토, 복통.
- 빙초산: 내장 염증, 피부 화상.
- 향수, 화장품: 구토, 복통, 피부 질환.
- 구강 청결제: 구토, 복통, 중추신경계 이상 증세.
- 살충제: 호흡곤란, 손발 떨림, 전신경련.

1. 유해 물질 흡수 속도가 어른보다 빨라서 체중에 비해 흡수량이 많아.
2. 흡수량에 비해 몸 밖으로 내보내는 기능은 약해서 유해 물질이 몸 안에 많이 쌓여.
3. 기어 다니거나 키가 작기 때문에 바닥에 가라앉아 있는 유해 물질을 흡입하기 쉬워.
4. 어린이들은 입에 넣거나 빠는 행동을 자주 하기 때문에 유해 물질을 직접 흡입하는 경우도 훨씬 많아.

어린이들의 급성중독 사고는 눈 깜짝할 사이에 일어나기 때문에 항상 조심해야 해. 다허세 어린이 알겠니?

흥! 나 이제 어린이 아니거든.

안전~ 안전~

급성중독 사고 대처법

갑작스럽게 급성중독 사고가 났을 때는 어떻게 해야 할까요?

당황하지 말고, 침착하게 응급조치를 취하고, 곧바로 119에 신고하거나 병원으로 옮겨야 해.

화학제품을 마셨을 때
1. 입안에 남아 있는 화학제품을 즉시 뱉어 내되, 억지로 토하게 하면 더 위험해질 수 있으니 주의해야 해요.
2. 의식이 있다면 물이나 우유를 마시게 해요.
3. 병원에 갈 때 중독을 일으킨 해당 화학제품을 꼭 챙겨 가요.

화학제품이 눈이나 피부에 닿았을 때
1. 눈에 닿았을 경우 흐르는 물로 충분히 씻어 내되, 절대 문지르면 안 돼요.
2. 피부에 닿았을 경우 흐르는 물이나 비눗물로 조심스럽게 씻어 내요.
3. 염증, 통증이 있을 때는 병원에 가요.
4. 살충제나 피부를 부식시키는 화학물질(염산, 황산 등)이 옷, 신발에 묻었다면 바로 벗어야 해요.

생활 속 화학제품 안전하게 쓰는 방법

우리 생활 속 화학제품들, 정확한 사용 방법과 올바른 생활 수칙만 잘 지킨다면 안전하게 건강하게 편리하게 쓸 수 있다네. 얼쑤!

- **친환경 제품을 골라! 골라!**
친환경 제품에 대해 더 알고 싶다면 아래 주소를 클릭해요.
녹색 제품 정보 시스템: www.greenproduct.go.kr
- **성분 체크! 체크!**
화학제품 용기에는 제품의 성분, 사용상 주의 사항, 응급조치 방법 등이 적혀 있어요. 특히, '독성 있음' 표시와 문구가 있다면 사용에 더욱 주의해야 해요.
- **정량 꼭 지켜! 지켜!**
세제도, 약도 많이 쓴다고 좋은 게 아니에요. 오히려 건강을 해치기 일쑤지요.
- **환기 시켜! 시켜!**
락스 같은 세제나 스프레이식 화학제품을 사용할 때는 반드시 환기를 시켜야 유해 물질 흡입을 예방할 수 있어요.
- **뚜껑은 꽉! 꽉! 보관은 멀리! 멀리!**
각종 세제, 페인트, 살충제, 농약 등은 다른 용기에 나눠 담지 마세요. 제품을 착각해서 잘못 사용할 수 있어요. 무엇보다 화학제품은 뚜껑을 꽉 잠가서 아이들 손에 닿지 않는 곳에 보관해야 안전해요.

6 선크림 한 방울은 산호의 눈물

얼마 만에 떠나 보는 가족 여행이던가!
한껏 들뜬 가족들, 꼭두새벽부터 분주하게 준비를 마치고, 여행용 의상까지 완벽하게 차려입은 채 반함이만 눈이 빠져라 기다리고 있었다. 하지만 반함이는 방에 들어간 지 두 시간이 넘도록 함흥차사였다. 얼른 나오라고 재촉하고 싶지만, 지구상에서 제일 예민한 사춘기 소녀의 심기를 혹여 건드릴까 온 가족은 그저 반함이 방문만 째려보고 있을 뿐이었다.
출발 예정 시간이 훌쩍 지나고도 얼마쯤 더 지났을까?
드디어 방문이 열리고 반함이가 모습을 드러낸 순간, 온 가족의 동공은 일제히 대지진을 일으켰고, 약 9초간 말을 잇지 못했다.

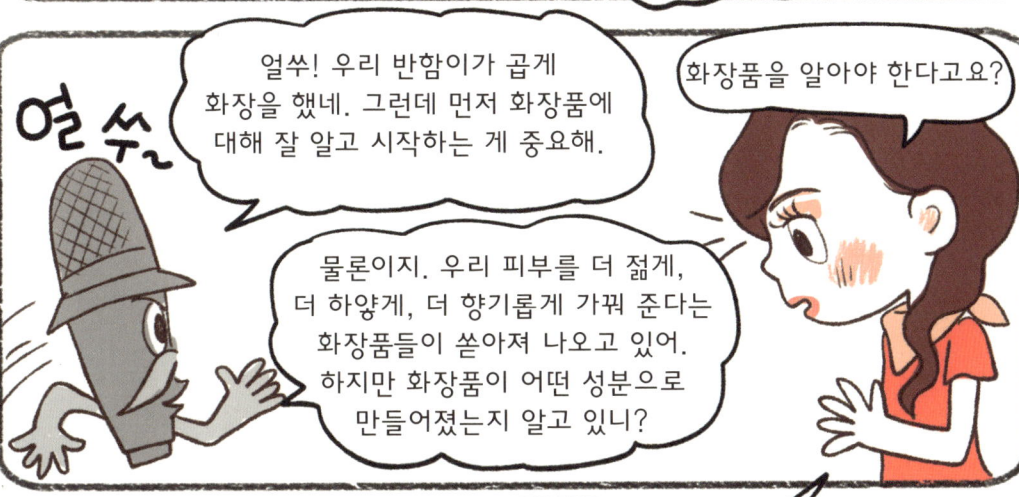

화장품 속 유해 물질

화장품 안에는 피부 미용에 좋은 화학물질도 있지만, 피부염 등 부작용을 일으키는 유해 물질이 있으니 이것만큼은 꼭 조심합시다. 얼쑤!

- **보존제** : 화장품을 유통하거나 사용하는 동안 상하지 않고 오래도록 보존하기 위해 화학 보존제가 사용돼요. 하지만 대표적으로 쓰이는 '파라벤'은 피부 발진과 피부염을 일으키고, 여성 호르몬과 비슷한 작용을 해서 우리 몸을 교란시킬 가능성이 있으니 조심! '파라벤 프리'를 꼭 확인하세요.
- **합성 인공 향료** : 강한 향을 내기 위해 사용하는 벤질알코올, 아밀신남알 등의 합성 인공 향료는 알레르기를 일으킬 수 있으니 천식이나 향료 알레르기가 있는 경우에는 조심!
- **계면활성제** : 세정제에 주로 쓰이는 성분이기도 하지만, 화장품에 사용하면 성분들이 서로 잘 섞여서 발림성이 좋고, 끈적임도 적어서 널리 쓰여요. 하지만 계면활성제는 피부염 등 피부 자극을 일으킬 수 있으니 조심!

유해 물질들이 들어 있는지 확인하려면 화장품 겉면에 적혀 있는 성분표를 꼭 읽어야 한다는 거죠?

얼쑤, 그렇지! 화장품 성분이나 안정성에 대한 정보를 좀 더 정확하게 알아보고 싶다면 여기를 클릭!

- 식품의약품안전처 의약도서관
  http://drug.mfds.go.kr

- 화장품 성분 사전
  www.kcia.or.kr/cid

선크림 한 방울은 산호의 눈물

바다에 들어갈 때 선크림을 그렇게 덕지덕지 바르면 안 돼. 사람들로 인해 매년 바다로 흘러 들어가는 선크림 양이 약 6,000~14,000톤! 선크림에 들어 있는 유해 물질이 고스란히 바다로 흘러 들어가서 바다를 오염시키고, 해양 생물들을 위협하고 있다고.

선크림에도 유해 물질이?

'옥시벤존'과 '옥티녹세이트'라는 화학물질은 자외선 차단과 변색 방지에 효과가 좋아서 선크림에 흔하게 쓰여. 하지만 멸종 위기 생물인 산호가 이 물질들에 노출되면 유전자 변형 및 생식 기형 문제를 일으켜서 점점 하얗게 탈색되어 죽어 가고, 산호초의 백화 현상도 초래하지. 그럼 산호초에 사는 해양 생물들도 서식처를 잃어 생명을 위협받게 돼. 그래서 하와이에서는 해양 생물을 보호하기 위해 이 유해 물질이 들어 있는 선크림 판매를 금지하기로 했다고.

선크림 한 방울이 산호에게는 눈물이고 독약이나 다름없구나.

특히 '옥시벤존'은 우리 몸에 흡수되면 어린이 성장을 방해하고, 불임이나 기형아 출산을 일으킬 수 있다는 연구 결과까지 나왔다네.

이제부터는 선크림 고를 때도 성분표를 꼭 확인하고, 바른 뒤에는 깨끗하게 클렌징하자.

허세네 가족, 자외선 차단을 위해 선크림 대신 챙 넓은 모자와 긴 옷, 스카프까지 둘둘 감고 나타나자 행색이 괴상망측한지 힐끔힐끔 쳐다보는 시선들이 느껴졌다. 이에 반함과 허세는 온몸에 향수를 마구 뿌려 댔고, 사방에 향수 냄새가 진동하기 시작했다.

패션이 엉망일 때는 이거 하나면 이미지 변신 끝!

오, 누나! 역시 패션의 완성은 좋은 향기지.

좋은 향기를 맡자 기분까지 상쾌해진 반함과 허세, 모래사장 여기저기를 누비는데, 웬일인지 둘이 지나간 뒤 사람들의 반응이 심상치가 않았다.

아니나 다를까? 반함이와 허세가 지나간 자리마다 진한 향수 냄새로 사람들이 인상을 쓰고 있는 게 아닌가. 보다 못한 다팔자 씨와 임걱정 여사가 뛰어와 사태 수습에 나섰다.

좋은 향기도 괴로워! 향기 도로와 화학물질 과민증

공공장소에서 진한 향기를 풍기는 건 다른 사람들에게 피해를 주는 거야.

좋은 향기가 무슨 피해를 준다는 거야?

너희처럼 진한 향기를 풍기는 사람이 지나간 자리에 향기가 계속 남아 있는 것을 일명 **'향기 도로'**라고 불러. 진한 향기가 오래 남아서 다른 사람들이 숨쉬기 힘들거나, 불쾌감과 어지러움까지 일으키거든.

맞아. 향수가 옛날에는 천연 제품이었지만, 요즘은 합성 인공 향으로 만든 제품이 대부분이라 그 안에 들어 있는 유해 물질로 인해 두통, 피부 알레르기, 천식 등의 호흡 장애 등을 일으키고는 해. 그래서 향수는 너무 진하게 뿌리지 말고, 필요할 때 소량만 뿌리는 게 좋아.

아주 적은 양의 화학물질에도 민감하게 반응해서 온몸에 다양한 증상이 나타나는 병이 있어. 바로 **'화학물질 과민증'**이지. 누구나 걸릴 수 있는 병이래. 아무리 좋은 향기라도 괴로워하는 사람들이 있다는 사실 꼭 기억해 주시게. 얼쑤!

내 생각이 짧았구나. 내가 뿌린 향수 냄새가 다른 사람의 맑은 공기를 마실 권리를 빼앗는 것은 옳지 않아!

나 같은 어린이들이 마실 공기에 지독한 향기 도로를 만든 거 진심으로 반성할게.

오, 역시 멋진 내 아들딸이로세!

7 약과 독은 종이 한 장 차이

오늘은 대망의 학예회! 이날을 위해 허세와 짝꿍 석봉이는 듀엣을 결성, 글짓기 숙제 대신 랩 가사를 쓰고, 리코더 연습 대신 랩 연습을 하며 한 달을 하루같이 보냈건만…….

"왜 하필 오늘…… 으으윽!"

화장실까지 쫓아온 석봉이가 허세의 상태를 살피며 더 안절부절못했다.

"허세야, 너 괜찮냐? 병원 가 봐야 하지 않을까?"

"무슨 소리! 나의 설사병을 아무에게도 알리지 마라. 으윽!"

일곱 번째 신호가 또 왔다. 어젯밤부터 허세의 배 속이 심상치 않더니 1교시부터는 그만 '주룩주루룩' 설사가 터지고 만 것이다.

약도 사용 기한이 있다

보관할 약은 오른쪽. 버릴 약은 왼쪽.

선생님, 약을 왜 버려요?

약도 식품처럼 사용 기한이 있어. 사용 기한이 지난 약들은 효과도 떨어지고, 변질되었을 수 있기 때문에 정기적으로 약들의 사용 기한을 꼼꼼히 살펴봐야 해.

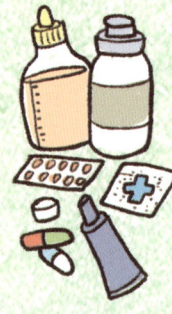

약 종류별 사용 기한

- **시럽, 물약**: 시럽과 물약은 개봉 후 30일 이내. 단, 따로 덜어 담거나 가루약이 섞인 경우에는 조제 후 14일 이내.
- **알약**: 조제한 알약은 처방 일수가 곧 사용 기한. 약포지에 포장된 상태라면 개봉 후 6개월 이내. 통에 든 약은 개봉 후 1년 이내.
- **가루약**: 가루약은 처방 일수가 곧 사용 기한. 또는 조제 후 2~4주 이내.
- **연고**: 연고류는 개봉 전 2년, 개봉 후 6개월 이내. 통에 덜어 둔 조제용 연고는 30일 이내.
- **안약**: 안약은 개봉 전 6개월, 개봉 후 1개월 이내. 단, 일회용 안약은 한 번 사용 후 바로 버림.

사용 기한이 남은 약들도 잘 보관해야 해. 대부분의 약들은 빛, 온도, 습도에 민감해서 직사광선은 피하고, 서늘하고 건조한 곳에 보관하는 것이 좋아. 물론 어린이의 손이 닿지 않는 곳에 보관하는 것은 필수지. 종류에 따라서도 보관법이 달라.

약마다 개봉 날짜를 적어 두면 정리하기가 훨씬 편하겠어요.

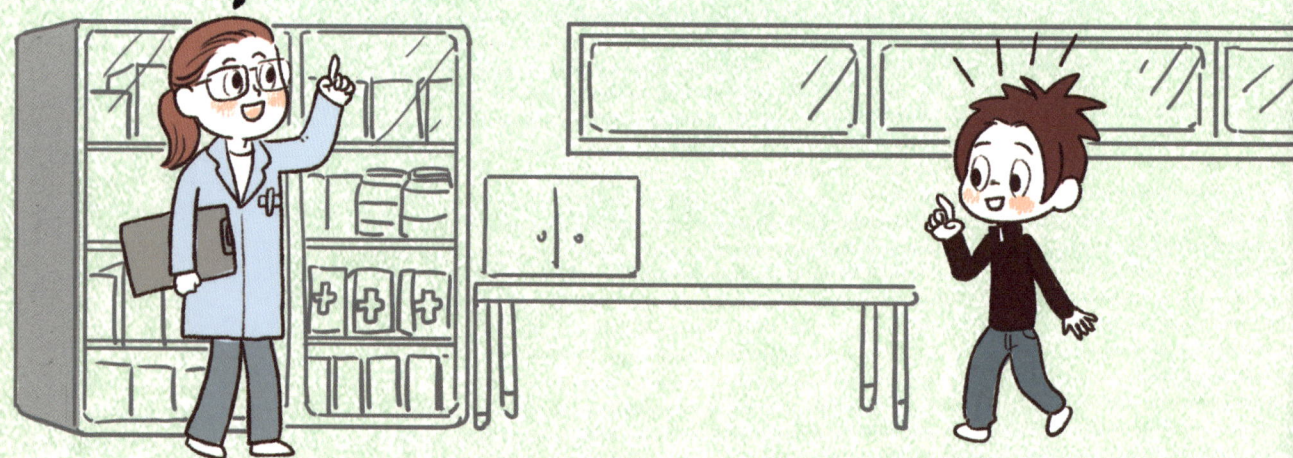

인류 최초의 진통 해열제는 '버드나무 껍질'

인류 역사상 가장 오랫동안 사용한 약은 무엇일까? 정답은 바로 '진통 해열제'야. 기원전 1550년경 파피루스의 기록에 보면 버드나무 껍질을 먹으면 열을 내리고, 염증을 낮게 하며, 통증을 가라앉힌다고 되어 있어. 또 서양 의학의 아버지인 히포크라테스도 버드나무 껍질로 병을 고쳤다고 알려져 있지. 버드나무 껍질에 들어 있는 '살리실산'이라는 물질이 해열, 소염, 진통에 효과가 있다는 걸 나중에 알았대. 하지만 '살리실산'은 신맛이 강하고, 먹으면 속이 쓰리고 메스껍다는 단점이 있었어. 그래서 독일의 화학자 호프만이 '살리실산'이라는 천연 물질과 식초의 한 성분인 '아세트산'이라는 화학물질을 섞어서 먹기도 쉽고, 부작용도 거의 없는 약을 개발하는 데 성공! 그 약이 바로 오늘날까지도 많은 사람들이 사용하는 '아스피린'이란다.

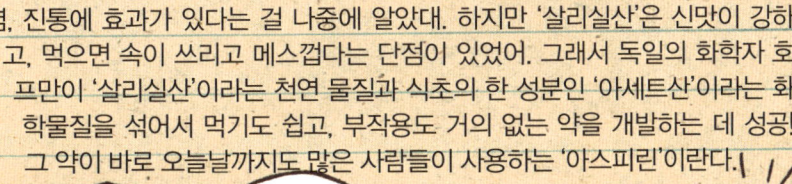

사용 기한이 남은 약 보관법

- **알약**: 조제 알약은 습기나 곰팡이가 생기지 않도록 직사광선을 피해 그늘지고 건조한 곳에 보관해요. 냉장고에 보관하면 습기가 생길 수 있으니 냉장 보관은 피해 주세요.
- **연고**: 연고는 면봉을 이용해 사용하고 뚜껑을 잘 닫아 보관해요. 뚜껑에 묻은 연고액을 깨끗하게 닦아 낸 다음 상온에서 보관하는 것이 좋아요. 약품의 품질을 위해 되도록 다른 용기로 교체하지 않는 것이 좋아요.
- **시럽, 물약**: 시럽이나 물약은 약 성분에 따라 실온 보관, 냉장 보관이 달라지기 때문에 설명서에서 보관 방법을 확인한 후 보관해요. 실온 보관용 시럽제를 냉장 보관하면 침전물이 생기거나 층이 분리될 수 있어요.
- **안약**: 안약도 보관법과 사용 기한이 제품에 적혀 있으니 꼭 확인하고, 다른 물질이 들어가거나 변하지 않도록 뚜껑을 잘 닫아 보관해요.

설사병이 나은 허세, 집에 오자마자 보건 선생님에게 배운 약장 정리법을 설명하면서 가족들과 함께 약장 정리를 실시했다. 약마다 사용 기한과 개봉 날짜를 적어 붙였고, 버릴 약들과 남길 약들을 챙겼다.

"드디어 우리 집도 약장 정리 끝!"

"이게 다 허세의 설사병 덕분이야. 아쉽게 신곡 발표는 못 했지만, 가족 건강을 챙기게 되었잖아."

"설사병 얘기는 이제 그만!"

허세가 엄살을 부리자, 모두들 웃음보를 터뜨렸다.
"여기 못 쓰는 약들은 제가 깔끔하게 마무리하겠습니다."
허세는 못 쓰는 약들 중에서 물약은 따로 빼 두고, 나머지 약들은 한꺼번에 쓸어 담아 쓰레기봉투에 버리기 시작했다.

"요 물약들은 싱크대에 물약만 쪼르륵 버린 다음 빈 약통만 분리수거하면 완벽하겠지?"

"잠깐!"

"왜요? 저 칭찬해 주시려고요?"

"칭찬이라니! 남은 약들을 그렇게 막 버리면 어떡해."

남은 약 똑똑하게 버리자!

남은 약 잘 버리는 방법

- **물약 잘 버리기** : 물약들을 페트병 하나에 졸졸 부어서 다 모아요.
- **알약 잘 버리기** : 알약은 포장된 비닐, 종이, 알루미늄 포장재 등을 벗기고 내용물인 알약만 꺼내 한 봉투에 담아요.
- **가루약 잘 버리기** : 가루약은 포장지를 뜯을 때 가루 날림이 있을 수 있기 때문에 포장지를 뜯지 않고 그대로 한 묶음으로 묶어요.
- **젤류, 스프레이류, 연고류, 안약류 잘 버리기** : 젤류, 스프레이류, 연고류, 안약류는 포장된 제품 그대로 한 봉지에 함께 담아요.

8 내 옷에서 미세섬유가 우수수?

주말에 모처럼 외갓집에 가기로 했으나 다팔자 씨네 회사에서 부부 동반 모임이 생기는 바람에 어쩔 수 없이 반함이와 허세가 먼저 출발하기로 했다.

만나기만 하면 으르렁대던 반함이와 허세, 오랜만에 한마음으로 입을 모아 옷 타령을 해 댔다.

"오랜만에 외갓집에 가는데 입고 갈 옷이 하나도 없어."

"지난달에도 새 옷 샀잖아. 근데 또 산다고?"

"지난 번 산 옷은 벌써 유행이 지났단 말이야."

반함이와 허세가 한목소리로 외치는데, 이럴 때만 죽이 척척 맞는다.

결국 다팔자 씨와 임걱정 여사는 반함이와 허세의 등쌀에 못 이겨 요즘 아이들 사이에서 유행한다는 옷을 사 주고 말았다.

빠르고, 빠르고, 빠른 '패스트 패션'

홈쇼핑 방송을 하다 보니까 유행이 정말 빠르게 변한다는 걸 느껴. 특히 요즘은 빠른 유행에 발맞춰서 빠르게 생산되고, 빠르게 유통되고, 빠르게 소비하고, 빠르게 버려지는 '패스트 패션'의 시대잖아.

유행에도 맞고, 값도 저렴하고, 디자인도 좋은 패스트 패션이 빠르게 발전할 수 있었던 건 다 합성섬유의 발명 덕분이지.

15년 전보다 의류 구매량 60% 증가

2000~2014 사이 의류 생산량 2배 증가

옷을 버리는 속도 15년 전보다 2배

—출처: 국제환경단체 그린피스

'합성섬유'가 뭐야?

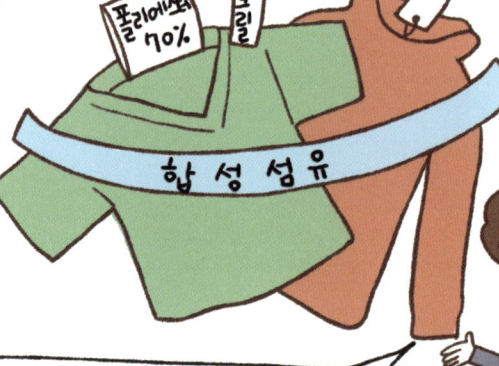

지금 너희가 입고 있는 옷을 뒤집어서 라벨을 한번 확인해 봐. 아마 폴리에스테르, 아크릴, 나일론 등이 적혀 있을 거야. 그게 바로 '합성섬유'란다. 옛날 목화나 양털, 누에 등 천연 재료로 만든 '천연섬유'와 달리, 여러 화학물질과 인공 염색 재료 등을 합성해서 만든 인조섬유를 '합성섬유'라고 해.

가늘고 질긴 기적의 실, 나일론

세상을 발칵 뒤집어 놓은 '20세기 세계 10대 발명품'이 있단다. 바로 '거미줄보다 가늘고, 강철보다 질긴 기적의 실'이라고 불린 '나일론'이라는 합성섬유야. 1937년, 미국의 한 연구실에서 젊은 화학자, 월리스 캐러더스가 발명했어.

동료들의 장난을 보고 번개라도 맞은 듯 번쩍하고 아이디어가 떠오른 캐러더스. 끊임없는 연구 끝에 가벼우면서도 부드럽고, 신축성이 좋으면서도 질긴 합성섬유, '나일론'을 발명하게 되었어. 그 후로 다양한 종류의 합성섬유들이 개발되면서 패션의 혁명이 이루어졌지.

허세는 아빠 바지라도 빌려 입었는지 팬티가 보일락 말락 내려간 커다란 바지를 질질 끌고 있고, 반함이는 너덜너덜 찢어진 청바지를 입고 있지 뭔가. 외할머니와 외할아버지는 그런 손주들이 짠해서 눈물이 핑 돌았다.
외할머니는 더 신경 써서 식사를 준비했고, 곧이어 떡 벌어지게 차린 밥상이 등장했다. 반함이와 허세는 운동복으로 갈아입고 게걸스럽게 먹기 시작했다.

손주들의 모습을 보는 외할머니와 외할아버지의 눈가는 촉촉하게 젖어 갔다.

저 어린것들이 얼마나 못 먹었으면 저리 정신없이 먹을꼬.

쯧쯧, 옷도 못 사 입는 형편에 고기는 구경도 못 했겠지.

언제 먹어도 맛깔스러운 외할머니표 집밥, 맛있어서 먹다 보니 반함이와 허세는 배가 꽉 차서 배꼽이 튀어나올 것만 같았다.

얘들아, 우리 소화도 시킬 겸 동네 한 바퀴 산책하고 올까?

네, 좋아요!

다녀오렴. 할미는 해야 할 일이 있어서.

외할아버지가 손주들을 이끌고 대문을 나서자마자, 외할머니는 신속하게 반짇고리를 꺼냈다. 그러고는 빠른 손놀림으로 뭔가를 열심히 꿰매기 시작했다.

미세섬유가 바다를 오염시킨다고?

얼쑤! 역시 천연 옷감이 좋은 것이여.

얼쑤 할아버지, 외갓집에서는 변신하지 않기로 약속했잖아요. 할머니 할아버지 놀라신단 말이에요.

오랜만에 귀한 천연 옷감을 보니 흥이 나서 그렇지! 요즘 합성섬유 때문에 바다가 얼마나 오염되고 있는데.

합성섬유가 바다를 오염시킨다고?

합성섬유가 좋고 편리한 점도 많지만, 그 속에 숨어 있는 무시무시한 비밀이 있소. 원래 합성섬유는 수많은 화학적 처리 과정을 거치기 때문에 면 같은 천연섬유를 만들 때보다 거의 세 배나 되는 탄소를 배출해서 환경오염을 일으킨다오. 하지만 가장 큰 문제는 따로 있다는 사실!

합성섬유로 만든 옷을 세탁기에 한 번 돌릴 때마다 '미세섬유'라는 아주 작은 섬유 가닥이 수만 개씩 떨어져 나온다지. 이 '미세섬유'는 미세 플라스틱의 한 종류로, 길이가 5mm 이하인 섬유 형태의 플라스틱이라오.

우리가 입은 옷에서 미세섬유가 나온다니!

섬유도 플라스틱이라니. 몰랐어요.

진정한 멋쟁이는 건강한 옷을 산다!

1 옷을 고를 때 디자인, 색상, 가격 등을 따지기 전에 친환경적인 제품인지를 먼저 고려해요.

2 옷의 라벨을 꼭 확인해요. 만약 라벨이 없거나 내용이 잘 적혀 있지 않다면 사지 말아요. 유해 물질이 들어 있을 가능성이 높거든요.

3 새로 구입한 옷은 반드시 1~2회 정도 세탁한 후에 입거나 보관해요. 옷은 염색, 접착, 마감 등 여러 화학 처리를 통해 만들어지기 때문에 피부나 기관지 질환을 일으키는 유해 물질이 남아 있을 수 있으니까요.

4 드라이클리닝한 옷은 비닐 포장을 벗기고 1~2일 정도 바람을 쐬어 주세요. 드라이클리닝 세제에는 피부나 호흡기에 자극을 주거나 심한 경우 암을 일으킬 수 있는 유해 물질이 들어 있거든요. 하지만 그 유해 물질들은 바람에 쉽게 날아가는 성질이 있으니 걱정 뚝!

옳지, 진정한 멋쟁이는 유행보다 환경을 먼저 생각한다!

얼 쑤~

환경보다 유행만을 쫓는다면 그건 패션 테러리스트라네. 얼쑤!

9 헌 차, 우리 이만 헤어져!

아파트 주차장, 낡은 자동차 앞에 서 있는 다팔자 씨와 임격정 여사의 분위기가 사뭇 심각하다. 임격정 여사가 먼저 입을 열었다.
"우리 이제 그만 헤어지자."
"당신, 어떻게 헤어지자는 말을 그렇게 쉽게 할 수 있어?"
"나도 가슴 아파. 하지만 만남이 있으면 헤어짐도 있는 법이야."
"우리가 함께한 세월이 얼만데. 흑흑."
아이스크림을 먹으며 슈퍼마켓에서 돌아오던 반함이와 허세, 엄마와 아빠의 심상치 않은 장면을 목격하고 그만 심장이 쿵 바닥에 떨어졌다.
"지금 헤어지는 거야?"
반함이의 물음에 다팔자 씨와 임격정 여사가 울먹이며 고개를 끄덕였다.
"으앙, 지금은 안 돼!"
"난 아직 마음의 준비가 안 됐단 말이야!"
반함이와 허세도 울먹이며 소리쳤다.

마음을 굳게 먹고 또 먹어 보았지만 여전히 헤어질 준비가 안 된 허세네 가족. 눈물 콧물 범벅이 된 채 자동차를 끌어안고 훌쩍거리기 시작했다. 그런 허세네 가족을 말없이 지켜보던 한 남자, 더 이상 기다릴 수 없다는 듯 다가와 말을 건넸다.

고객님들! 이제 그만 헌 차와 작별하시지요.

바로 다팔자 씨가 14년간 타던 자동차를 폐차장으로 떠나보내야 할 시간이었다.

헌 차와 헤어짐의 슬픔도 잠시, 다팔자 씨와 허세는 새 차를 본 순간 세상을 다 얻은 표정으로 금이야 옥이야 쓰다듬었다.

어머나 눈부셔라!

남자의 마음은 갈대라더니.

안녕, 베이비!

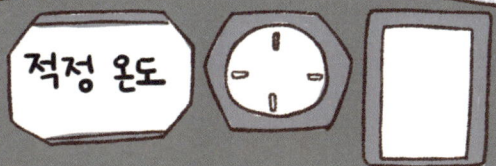

갑자기 다팔자 씨의 전화기가 요란하게 울렸다. 다팔자 씨의 얼굴이 하얘지면서 통화 목소리가 점점 높아지는 걸 보니 긴급 상황임에 틀림없었다.
상황인즉, 한 시간 뒤 생방송할 쇼핑호스트가 리허설 도중 넘어지는 바람에 방송이 펑크 날 판. 그리하여 몇 달 전 그 제품을 방송해 봤던 다팔자 씨를 대신 투입하기로 결정했다는 것이다.
그길로 허세네 가족은 회사로 달려갔다.

다팔자 씨는 냅다 녹화장으로 뛰어 들어갔다. 얼떨결에 아빠 회사에 오게 된 가족들, 홈쇼핑 회사의 낯선 풍경이 신기하기만 했다.

다팔자 씨는 어느 때보다도 열심히 제품 소개를 했다.
하지만 다른 채널들과 실시간으로 판매 순위가 엎치락뒤치락하면서 직원들의 환호와 탄식이 엇갈렸다. 전쟁터가 따로 없었다. 그 속에서 살아남기 위해 최선을 다해 닭발을 뜯고 있는 아빠의 모습이 괜스레 뭉클했다.

엄마, 우리 밖으로 나가자.
나 머리가 지끈지끈 아파.

그럴까. 나도 아까부터 소화가 잘 안 되네.

나도 자꾸 기침이 나와.

사무실 밖 복도로 나온 가족들, 벤치에 앉아서 아빠를 기다리는데 다들 영 기운이 없다.

"우리 회사는 워낙 청소를 열심히 하는 편이라 공기나 환경이 오염될 리 없는데."

"빌딩 증후군은 페인트와 합성수지, 책상 위에 쌓여 있는 인쇄물과 카드 영수증에서 나오는 유해 물질, 파손된 단열재나 종이가 일으키는 먼지, 더러워진 컴퓨터와 책상 밑에 붙어 있는 세균에 의해서 생긴다오. 특히 사무실에서 사용하는 프린터와 복사기에서 나오는 유해 물질에 의해 발생하지."

"아, 그래서 내가 회사만 오면 골골거렸나 봐."

"얼쑤 할아버지! 우리 아빠 안 아프게 빌딩 증후군 없애는 방법 좀 알려 주세요."

"허세가 효자로구나. 가장 좋은 방법은 2~3시간마다 실내 환기를 꼭 시켜야 하오. 프린터와 복사기를 사용할 때도 꼭 환기를 시키고, 청소를 자주 하고, 적당한 습도 유지도 중요하지."

"지구는 지금 각종 유해 물질로 인해 심각하게 오염되고, 생명은 위협받고 있다네. 그러자 사람들은 화학물질의 심각성을 깨닫고 환경오염과 각종 피해를 최소한으로 하는 친환경 화학물질을 만들자는 연구를 펼치기 시작했다오. 이것이 바로 '녹색 화학(Green Chemistry)'이지요. 요즘은 환경오염을 줄이고 보존하자는 녹색 화학만으로는 부족하다는 의견이 커지면서 '블루 케미스트리(Blue Chemistry)'라는 새로운 개념이 주목받게 되었다오. '블루 케미스트리'는 친환경 화학을 통해 자연을 더 가꾸고 살려 나가면서 지금보다 더 좋은 지구를 후손들에게 물려주자는 의미가 담겨 있거든."

미래에는 파란 화학

"그날이 빨리 오길. 얼쑤!"

"화학아, 미래에는 지구를 건강하게 하는 파란 화학이 되어다오!"

작가의 말

지구를 건강하게 하는 파란 화학으로 가자!

멍하다. 띵하다. 답답하다. 막막하다. 그러다…… 졸리다.
화학물질의 '화' 자에도 관심 없던 제가 '화학물질' 하면 떠오르는 느낌이었지요.
혹시나 하는 마음에 우리 집 막내 똥이를 불러 세워 물었어요.
"똥아! 넌 화학물질이 뭔지 아니?"
"어? 화학은 뭐고, 물질은 또 뭐야?"
역시나 내 아들다운 대답이었어요.
"그러니까 화학물질이란 원소나 화합물에 화학 반응을 일으켜서……."
잘난 척하며 공부했던 내용을 읊으려는데, 똥이가 손으로 내 입을 막으며 이러더라고요.
"엄마! 난 원래 '학' 자로 끝나는 애들이랑은 별로 안 친해! 수학, 과학 그리고 화학!"
그러더니 놀이터로 뛰쳐나가더군요.
하긴 어린이인 똥이나 어른인 저나 지금껏 화학물질에 대해 잘 몰라도 우리의 하루하루는 별 탈 없이 잘 돌아갔으니까요. 하지만 이런 저의 생각이 한순간에 뒤바뀐 사건이 일어났어요.
바로 '코로나19 팬데믹(감염병이 세계적으로 대유행하는 상태) 사태!'
2019년 12월쯤 발생한 '코로나19'라는 바이러스 하나가 전 세계를 삽시간에 공포와 불안의 도가니로 몰아넣은 거예요. 푸른곰팡이에서 우연히 발견한 화학물질로 만든 최초의 항생제 '페니실린'이 제2차 세계대전 당시 감염병으로부터 수많은 생명을 구했던 것처럼, 코로나19 바이러스로부터 인류를 구할 화학물질을 찾기 위해 지금 전 세계 과학자들은 밤낮으로 연구 중이랍니다.

'아, 화학물질은 우리 곁에서 알게 모르게 아주 강력한 힘으로 인류의 삶을 지배하고 변화시키고 있구나.'라고 새삼 깨닫는 요즘이지요.

지금 이 시간에도 우리는 이름조차 알 수 없는 수많은 화학물질을 입고, 먹고, 바르고, 마시며 살고 있어요. 한마디로 지금 여러분의 손이 닿는 모든 것이 다 화학물질로 이루어져 있다고 해도 과언이 아니지요. 실제로 전 세계적으로 약 십만 종이 넘는 화학물질이 사용되고 있고, 날마다 새로운 화학물질이 개발되고 있어요. 그러다 보니 화학물질에 대한 심각한 부작용도 더욱 많아지고 있지요. 몇 년 사이 우리나라를 뒤흔든 가습기 살균제 사건, 살충제 계란 사건, 발암물질 생리대 사건 등 나쁜 화학물질로 인한 위협은 우리 사회에 케모포비아를 불러일으키는 계기가 되기도 했어요.

이처럼 화학물질은 우리에게 편리함과 풍요로움을 선물하기도 하지만, 반대로 건강과 생명을 앗아가기도 해요. 단 하루라도 화학물질 없이 살기란 불가능에 가까운 시대, 우리는 어떻게 살아가야 할까요?

변덕쟁이 화학물질을 우리 생활 속에서 알기 쉽게, 건강하게 사용하는 방법을 함께 찾아보아요. 그리고 이 책이 여러분에게 조금이라도 도움이 되었으면 해요!

코로나19 물리칠 화학물질을 뚝딱 개발하고픈 어느 밤

대마

지구를 살리는 어린이 10
우리 집 미세 플라스틱 주의보

초판 1쇄 발행 2020년 10월 15일 **초판 5쇄 발행** 2024년 2월 27일

글 태미라 **그림** 김소희
펴낸이 이승현

출판3 본부장 최순영
교양 학습 팀장 김솔미
기획 및 편집 comma
키즈 디자인 팀장 이수현
디자인 design lovey

펴낸곳 ㈜위즈덤하우스 **출판등록** 2000년 5월 23일 제13-1071호
제조국 대한민국 **주소** 서울특별시 마포구 양화로 19 합정오피스빌딩 17층
전화 02) 2179-5600 **홈페이지** www.wisdomhouse.co.kr **전자우편** kids@wisdomhouse.co.kr

ⓒ태미라, 2020
ISBN 978-89-6247-235-6 74530 ISBN 978-89-6247-349-0(세트)

* 이 책의 전부 또는 일부 내용을 재사용하려면 반드시 사전에 저작권자와
  ㈜위즈덤하우스의 동의를 받아야 합니다.
* 인쇄·제작 및 유통상의 파본 도서는 구입하신 서점에서 바꿔드립니다.
* 책값은 뒤표지에 있습니다.
* 이 책의 사용 연령은 8~13세입니다.